Colette Portelance

Caderno de exercícios para aliviar as feridas do coração

Ilustrações de Jean Augagneur

Tradução de Stephania Matousek

EDITORA VOZES

Petrópolis

CB053810

© Éditions Jouvence S.A., 2013
Chemin du Guillon 20
Case 143
CH-1233 — Bernex
http://www.editions-jouvence.com
info@editions-jouvence.com

Tradução realizada a partir do original em francês intitulado *Petit cahier d'exercices pour soulager les blessures du coeur*

Direitos de publicação em língua portuguesa — Brasil:
2015, Editora Vozes Ltda.
Rua Frei Luís, 100
25689-900 Petrópolis, RJ
www.vozes.com.br
Brasil

Todos os direitos reservados. Nenhuma parte desta obra poderá ser reproduzida ou transmitida por qualquer forma e/ou quaisquer meios (eletrônico ou mecânico, incluindo fotocópia e gravação) ou arquivada em qualquer sistema ou banco de dados sem permissão escrita da editora.

CONSELHO EDITORIAL

Diretor
Gilberto Gonçalves Garcia

Editores
Aline dos Santos Carneiro
Edrian Josué Pasini
Marilac Loraine Oleniki
Welder Lancieri Marchini

Conselheiros
Elói Dionísio Piva
Francisco Morás
Ludovico Garmus
Teobaldo Heidemann
Volney J. Berkenbrock

Secretário executivo
Leonardo A.R.T. dos Santos

Editoração: Flávia Peixoto
Projeto gráfico: Éditions Jouvence
Arte-finalização: Sheilandre Desenv. Gráfico
Capa/ilustração: Jean Augagneur
Arte-finalização: Editora Vozes

ISBN 978-85-326-5091-7 (Brasil)
ISBN 978-2-88911-416-0 (Suíça)

Este livro foi composto e impresso pela Editora Vozes Ltda.

Dados Internacionais de Catalogação na Publicação (CIP)
(Câmara Brasileira do Livro, SP, Brasil)

Portelance, Colette
    Caderno de exercícios para aliviar as feridas do coração / Colette Portelance ; ilustrações de Jean Augagneur ; tradução de Stephania Matousek. — Petrópolis, RJ : Vozes, 2015. — Coleção Cadernos: Praticando o Bem-estar)

    Título original : Petit cahier d'exercices pour soulager les blessures du coeur

    7ª reimpressão, 2023.

    ISBN 978-85-326-5091-7

    1. Conduta de vida 2. Cura — Aspectos psicológicos 3. Desenvolvimento pessoal 4. Emoção 5. Mágoa I. Augagneur, Jean. II. Título. III. Série.

15-06111   CDD-158.1

Índices para catálogo sistemático:
1. Desenvolvimento pessoal : Psicologia aplicada   158.1

Não somos as nossas feridas.
Somos criaturas feridas.
Na realidade, nossas feridas são caminhos a serem seguidos para entrarmos em contato com o melhor de nós mesmos e nos curarmos interiormente.
Isto quer dizer, portanto, que não somos vítimas dos nossos aguilhões, visto que eles são os guardiões e guias da nossa libertação e cura.

O que se entende por "feridas do coração"?

Para responder a esta pergunta, citarei o seguinte trecho do **Petit cahier d'exercices pour identifier les blessures du coeur**[1]: "Uma ferida do coração é uma afecção grave que foi sofrida no passado e modificou a estrutura de uma parte do psiquismo, em decorrência de um trauma afetivo causado por um choque emocional intenso ou pequenos e repetidos choques emocionais. Tais choques deixaram marcas profundas dentro de nós, influenciando hoje nossos comportamentos e relacionamentos afetivos".

Mais do que mal-estares ou emoções desagradáveis, os choques emocionais que provocaram suas feridas foram suscitados por um ou vários acontecimentos do seu passado. Tais fatos despertaram em você uma abundância de emoções dolorosas tão fortes que elas ultrapassavam o limite de tolerância do seu psiquismo. Visto que o sofrimento era insuportável, você poderia ter-se afundado no abismo da morte (suicídio) ou da loucura (psicose), o que não aconteceu. Em vez disso, como sua pulsão de vida era mais forte do que a sua pulsão de morte, você escolheu, inconsciente e naturalmente, defender-se para sobreviver à sua dor. Entretanto,

---

1. **Caderno de exercícios para identificar as feridas do coração**, ainda sem tradução no Brasil [N.T.].

seu psiquismo não deixou de ser profundamente afetado pelas feridas sofridas, cujas cicatrizes ele ainda carrega.

As feridas afetivas podem ser curadas?

Será que ficaremos feridos de forma tão intensa para sempre, até os nossos últimos dias, quando estivermos abandonados, excluídos, rejeitados, culpabilizados, humilhados, traídos, controlados, dominados, inferiorizados ou desvalorizados?

O processo de libertação apresentado neste caderno de exercícios não tem como objetivo levantar um debate sobre a possibilidade ou não de curar as feridas do coração. Ele tem como meta amenizar o sofrimento psíquico causado por essas feridas. Isso se aplica a todas as feridas, sejam elas quais forem, já que, no psiquismo, elas não estão divididas em gavetas diferentes, mas formam um todo. Se, no **Petit cahier d'exercices pour identifier les blessures du coeur**, eu as defini separadamente, foi:

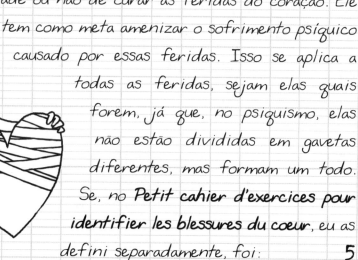

1) para satisfazer as necessidades da consciência racional, sem a qual você ficaria à mercê do caos emocional;

2) para que você tomasse medidas eficientes no intuito de amenizar o sofrimento que elas lhe causavam.

Minha experiência das feridas do coração e a das pessoas de quem eu já tratei em terapia me permitem afirmar com certeza que, se toda vez que for magoado, você repetir até o final o processo apresentado neste caderno de exercícios, você sofrerá definitivamente menos. Não importa o que for: algo em você se acalmará de forma incontestável. Você terá, de uma vez por todas, mais poder sobre suas feridas e sua vida, além de alcançar uma sabedoria do coração e da alma que o deixará indiscutivelmente menos dependente do mundo exterior. O segredo do sucesso é ter paciência e repetir o processo toda vez que for magoado, até que ele esteja bem integrado na sua vida. Você descobrirá um dia que os aguilhões que o machucavam no passado não o afligem mais de forma tão profunda e não o afetam mais durante tanto tempo, pois você terá aprendido a se libertar cada vez mais rápido deles e a reconquistar paz no coração.

> *"Permanecer prisioneiro das suas próprias feridas, por mais profundas que elas sejam, equivale a construir sua casa no meio de um cemitério para o resto da vida."*
>
> Carolyne Myss

Desenhe sua casa no meio de um cemitério, prestando atenção no que você for sentindo.

Agora, desenhe-a em um lugar maravilhoso, espreitando suas emoções.

Você fez dois desenhos. Observe-os com frequência. Eles representam duas maneiras de viver com as suas feridas. Deixá-los à vista incitará você a escolher cotidianamente o caminho da sua libertação.

Sejam quais forem as feridas que o afetem, é você que decide se vai utilizá-las para se destruir ou para cultivar um jardim de rosas dentro de si e ao seu redor.

Como utilizá-las para aliviar a sua dor?
É a esta pergunta que este caderno de exercícios vai responder.

> "O elevador que leva à cura não está funcionando... você terá de subir pelas escadas."
> Ruth FISHEL

Quando você toma o caminho para tratar suas feridas afetivas, você precisa aceitar que, no início, o processo leva tempo. Se você subir um por um os degraus da escada que leva à libertação do sofrimento, você chegará lá. Esses degraus — oito, no total — na verdade são etapas. Algumas delas lhe parecerão mais difíceis de atravessar e demandarão mais tempo, enquanto outras lhe darão a impressão de serem incrivelmente fáceis. Cada um tem sua história. Cada um tem seu caminho. O importante é manter o foco no objetivo: aliviar seu coração ferido.

A escada da sua libertação

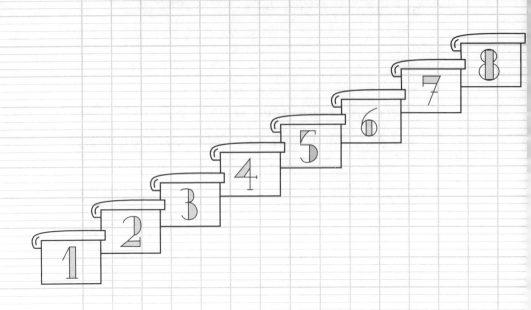

Toda vez que você for magoado, suba um por um os degraus que levam à sua libertação. Quando tiver atravessado uma etapa, desenhe a si mesmo no degrau correspondente.

Antes de começar sua subida a partir do que vem a seguir, eu gostaria de incentivá-lo a arrumar um diário para aprofundar os exercícios sugeridos nestas páginas.

Agora, pense em um acontecimento da sua vida afetiva de adulto que o tenha magoado profundamente e que hoje devore seus pensamentos, pois ele ainda o faz sofrer.

Descreva o acontecimento, incluindo as pessoas envolvidas, gestos, palavras ou atos que o tenham abalado, sua reação no momento e o estado de espírito no qual você se encontra agora com relação a esse passado doloroso.

1. As pessoas envolvidas

. . . .

. . . .

. . . .

2. Os gestos, palavras ou atos que o magoaram

. . . .

. . . .

. . . .

. . . .

3. Sua reação no momento

. . . .

. . . .

. . . .

. . . .

4. O estado de espírito no qual você se encontra hoje com relação a esse passado doloroso

. . . .

. . . .

. . . .

O que causou a sua ferida?

- ❏ culpa?
- ❏ humilhação?
- ❏ rejeição?
- ❏ exclusão?
- ❏ abandono?
- ❏ inferiorização?
- ❏ "superiorização"?
- ❏ indiferença?
- ❏ desvalorização?
- ❏ controle?
- ❏ poder?
- ❏ traição?
- ❏ dominação?
- ❏ incompreensão?

Atravesse agora as etapas para amenizar o sofrimento do seu coração ferido por esse acontecimento.

1ª etapa: a sobrevivência psíquica

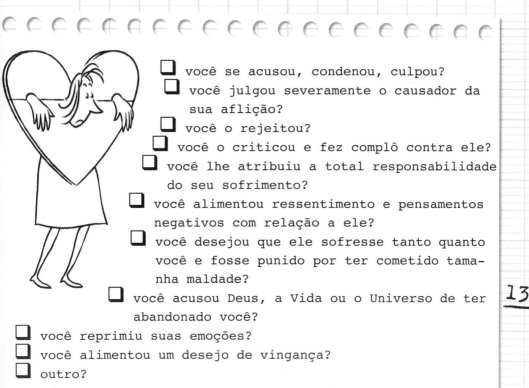

Tendo em vista que a sua ferida resulta de um trauma passado, a dor que você sentiu foi tão intensa que você provavelmente não conseguiu enfrentá-la no momento em que tudo ocorreu. Você estava em situação de sobrevivência psíquica. Para "manter o pescoço fora da água", você precisou se defender. Como você se defendeu?

- ☐ você se acusou, condenou, culpou?
- ☐ você julgou severamente o causador da sua aflição?
- ☐ você o rejeitou?
- ☐ você o criticou e fez complô contra ele?
- ☐ você lhe atribuiu a total responsabilidade do seu sofrimento?
- ☐ você alimentou ressentimento e pensamentos negativos com relação a ele?
- ☐ você desejou que ele sofresse tanto quanto você e fosse punido por ter cometido tamanha maldade?
- ☐ você acusou Deus, a Vida ou o Universo de ter abandonado você?
- ☐ você reprimiu suas emoções?
- ☐ você alimentou um desejo de vingança?
- ☐ outro?

Independente de quais tenham sido suas reações ao aconte-cimento em questão, nesta etapa é importante:

1. que você esteja consciente do seu funcionamento defensivo

2. que você o aceite sinceramente como algo normal

Se você tiver preenchido estas duas condições, desenhe a si mesmo no primeiro degrau da escada da sua libertação. Você agora está pronto para a segunda etapa.

2ª etapa: a conscientização do papel de vítima

Se você estagnar na primeira etapa, nunca amenizará suas feridas afetivas. Muito pelo contrário: você as alimentará e aumentará. Em vez de se libertar do sofrimento, você per-manecerá prisioneiro dele, pois sua libertação não dependerá de você, mas sim do mundo exterior. Portanto, você não terá nenhum poder sobre sua própria vida. Você será uma pobre vítima vencida, e não um corajoso aventureiro vencedor.

Leia bem as características de vítima e marque aquelas que você admitir que possui na situação que o estiver preocupando no momento:

- ❑ autocomiseração
- ❑ lamentação
- ❑ juízo acusador (verbalizado ou mentalizado)
- ❑ crítica do seu aguilhão
- ❑ busca de aliados contra ele
- ❑ falta de confiança em si e baixa autoestima
- ❑ dificuldade de se afirmar em presença dele
- ❑ desejo de vingança
- ❑ comportamentos que despertam pena: lágrimas, palavras e atos manipuladores
- ❑ irresponsabilidade
- ❑ dificuldade de reconhecer suas atitudes defensivas e seus próprios comportamentos causadores de sofrimento
- ❑ tendência a enxergar apenas as atitudes defensivas e os erros do seu aguilhão
- ❑ sentimento de falsa inocência
- ❑ expectativa de ser amparado, aprovado e defendido por alguém
- ❑ comportamento complementar do papel de vítima: dar uma de carrasco agressivo e acusador

Todos nós somos vítimas em diversas medidas e diferentes momentos de nossas vidas. Então, não minta para si mesmo. Aceite esse aspecto seu com compaixão. É a única maneira de reconquistar o poder sobre a sua vida. Nesta segunda etapa, ainda não estamos pedindo para você se responsabilizar, mas sim reconhecer, honesta e humildemente, a sua irresponsabilidade. Quando tiver conseguido realizar este exercício de reconhecimento, você estará pronto para a terceira etapa.

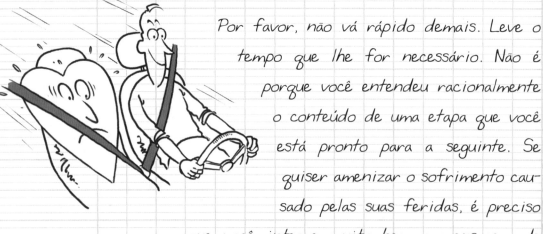

Por favor, não vá rápido demais. Leve o tempo que lhe for necessário. Não é porque você entendeu racionalmente o conteúdo de uma etapa que você está pronto para a seguinte. Se quiser amenizar o sofrimento causado pelas suas feridas, é preciso que você integre muito bem a mensagem de cada uma das etapas no seu modo de viver. Senão, você não alcançará nenhum resultado. Se conseguir integrá-la, você sentirá uma mudança em si mesmo, saberá que pode se desenhar em cima do segundo degrau e seguir em frente no caminho em direção à sua libertação.

3ª etapa: distância com relação aos aguilhões

Para assimilar esta terceira etapa na sua vida, é importante distinguir um mecanismo de defesa e um mecanismo de proteção.

Um mecanismo de defesa é uma forma inconsciente e instantânea utilizada pelo seu psiquismo para proteger você da presença de emoções dolorosas provocadas pelo mundo exterior ou pelo seu imaginário.

Já um mecanismo de proteção é uma forma consciente que você decide livremente utilizar para se proteger do sofrimento psíquico causado pela sua ferida. Ele é adotado para garantir a satisfação das suas necessidades fundamentais de respeito e amor-próprio.

Enquanto o mecanismo de defesa é instaurado pelo psiquismo para fugir de uma emoção dolorosa, o mecanismo de proteção acolhe a mesma emoção. Ele lhe permite cuidar da criança ferida que existe dentro de você.

EMOÇÃO

FUGA

ACOLHIDA

MECANISMO DE DEFESA

MECANISMO DE PROTEÇÃO

Portanto, para ajudar você a sair da encruzilhada, enxergar seus sentimentos com clareza e reconquistar o poder sobre a sua vida após um acontecimento que o tenha magoado, existem duas formas de proteção muito eficientes.

1. Afaste-se, durante o tempo da sua recuperação, de todos os aguilhões que alimentam a sua ferida. Por exemplo, se o seu irmão o tiver humilhado ou traído, tome distância dele, do melhor amigo dele, da filha dele e do colega de trabalho preferido dele. Não estamos dizendo para você rejeitar essas pessoas, mas sim se proteger e se conceder tempo suficiente para fortalecer seu psiquismo enfraquecido pela ferida e entender melhor os seus sentimentos.

De que pessoas você teria vantagem em se afastar na presente situação?

. . . .

. . . .

. . . .

. . . .

. . . .

De que maneira você tomará distância delas?

- ☐ você não as indagará mais a respeito do seu aguilhão
- ☐ você evitará a companhia delas
- ☐ você lhes pedirá um tempo de afastamento para fazer um curativo na sua ferida
- ☐ você se afastará delas fisicamente
- ☐ você manterá contato com elas, mas não falará sobre o acontecimento em questão e lhes pedirá para elas também não tocarem no assunto

2. A segunda forma de se proteger é evitar criticar o seu aguilhão e fazer complô contra ele, com o objetivo inconsciente ou não de atrair aliados e até mesmo salvadores. O ato de criticar é muito nefasto, pois mantém você na posição de vítima e contribui para "tirar a casquinha do dodói", em vez de lhe permitir abrandar o seu sofrimento.

Você criticou o seu aguilhão e buscou aliados contra ele?
☐ sim   ☐ não

Você está disposto a parar de adotar esse comportamento defensivo, no intuito de cuidar da sua ferida?
☐ sim   ☐ não

Você está achando essa etapa difícil de atravessar? Você tem resistências?
☐ sim   ☐ não

Aceite estar onde você está, mas, acima de tudo, continue caminhando. Você não vai se arrepender. No entanto, espere ter preenchido bem as duas condições dessa terceira etapa antes de desenhar a si mesmo em cima do terceiro degrau e seguir em frente no caminho da sua libertação interior.

4ª etapa: aceitação profunda e autêntica

Aceitar "a realidade" é uma etapa essencial do processo de alívio das feridas do coração. Para ajudar você a atravessar esta etapa, adaptarei aqui neste caderno de exercícios uma parte do conteúdo de um dos meus livros, publicado pela editora Jouvence, que se intitula: **La guérison intérieure par l'acceptation et le lâcher-prise**[2].

A reação mais comum quando somos afetados por um acontecimento infeliz é nos resignarmos ou resistirmos.

O que significa "resistir"?
Resistir é:
- → debater-se
- → lutar contra a realidade
- → fazer oposição
- → rejeitar a dor e o aguilhão

---

2. *A cura interior através da aceitação e do desapego*, ainda sem tradução no Brasil [N.T.].

→ entrar em guerra contra si mesmo e o mundo

→ envenenar seus relacionamentos por causa dos seus mecanismos de defesa

→ querer controlar tudo: tanto a realidade exterior quanto o sofrimento causado pelo acontecimento

→ adquirir poder sobre os outros

→ dizer "não" ao que o aborrece e ao que atrapalha seus desejos, seus projetos e sua liberdade

→ cultivar o sofrimento através do imaginário

Que mecanismos de resistência você costuma adotar quando é ferido?

. . . .

. . . .

. . . .

. . . .

. . . .

. . . .

. . . .

. . . .

. . . .

. . . .

O ato de resistir sempre provoca tensões, esgotamento e turbulências emocionais. Ele mantém o sofrimento, pois impede que a corrente natural da vida siga seu curso e deixa você desprovido das suas forças profundas.

> *"Aquilo a que você resiste persiste."*
> Neal Donald WALSCH

Ao resistir, em vez de encontrar a paz, você cultiva uma tormenta interior que o deixa infeliz.

Resistir é tentar nadar contra a corrente em um rio agitado.

Desenhe a si mesmo tentando atravessar um rio furioso, nadando ou navegando em um barquinho contra a corrente.

Você tem tendência a enfrentar as tempestades da sua vida lutando contra elas?

☐ sim   ☐ não

Você às vezes se sente cansado, decepcionado e impotente?

☐ sim   ☐ não

Você tem o sentimento de estar em paz quando entra em um combate contra a vida?

☐ sim   ☐ não

Tendo em vista que o mecanismo defensivo de resistência ao sofrimento o prejudica, não seria melhor se resignar?

O que significa "se resignar"?

Resignar-se é:

→ abdicar

→ pedir demissão

→ submeter-se

→ adotar uma atitude de vencido diante de uma provação

→ considerar a provação como uma inimiga que não deve ser enfrentada para não sofrer

→ aguentar durante um tempo demasiado longo uma situação difícil ou uma pessoa ameaçadora

→ guardar rancor

→ aniquilar-se

→ colocar-se em uma posição de passividade, negatividade e impotência

→ alimentar falta de confiança em si e na vida

→ fazer papel de vítima dos outros e do passado

Que mecanismos de resignação você costuma adotar quando é ferido?

. . . .

. . . .

. . . .

. . . .

. . . .

Represente através de um símbolo a situação difícil pela qual você passou e desenhe a si mesmo diante dela em posição de resignação.

Como você se sente nessa posição?

. . . .

. . . .

. . . .

Na sua vida, você geralmente tem tendência a se resignar ou resistir?

. . . .

. . . .

. . . .

. . . .

> *"A resignação é triste, a aceitação é alegre."* »
>
> Dr. JALENQUES

Entre a resignação e a resistência, existe uma terceira opção: a aceitação.

O que significa "aceitar"?

Aceitar é:

- → acolher "a realidade", sem necessariamente aprová-la
- → receber, e não rejeitar o que ocorre com você
- → abraçar, e não se opor aos acontecimentos
- → parar de lutar contra si mesmo
- → deixar de fazer guerra em torno de si
- → transformar a energia contida no sofrimento em força interior
- → deixar-se levar na direção dessa energia
- → dizer "sim" à vida
- → não procurar mais controlar
- → abrir-se para o desconhecido

- → abandonar-se às suas forças espirituais interiores
- → escutar seus sentimentos e sua intuição, de modo a agir no sentido das mensagens interiores
- → tornar-se criador da sua vida
- → admitir os limites das suas forças físicas, psíquicas e racionais
- → conhecer os benefícios da liberdade interior
- → deixar a vida fluir dentro de si mesmo
- → melhorar a sua qualidade de vida
- → desapegar-se
- → sentir-se em harmonia com a vida, as forças do Universo e a sua sabedoria profunda
- → escolher a paz

A atitude à qual a aceitação nos conduz é uma atitude justa e apaziguadora, pois ela se inspira na nossa sabedoria interior.

É por esse motivo que a aceitação é a solução mais eficiente que você pode adotar em face de uma situação difícil. Somente ela pode lhe proporcionar:

- → paz
- → serenidade

→ amor verdadeiro

→ liberdade interior

Um dos mais belos presentes da aceitação é o fato de ela favorecer uma mudança duradoura e proporcionar paz interior, pois tem como efeito criar a abertura da alma da qual o corpo e o coração precisam para se recuperar.

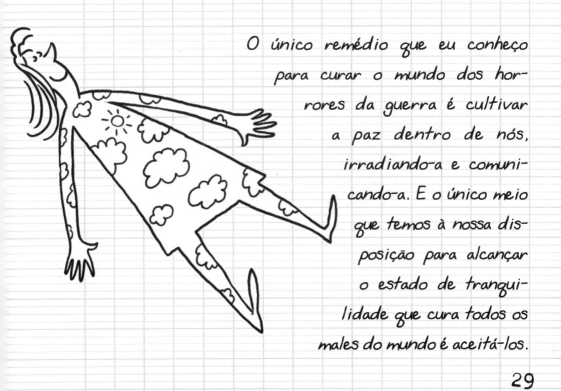

O único remédio que eu conheço para curar o mundo dos horrores da guerra é cultivar a paz dentro de nós, irradiando-a e comunicando-a. E o único meio que temos à nossa disposição para alcançar o estado de tranquilidade que cura todos os males do mundo é aceitá-los.

As etapas da aceitação

Relembre a situação difícil que o esteja fazendo sofrer no momento e atravesse as etapas a seguir para superá-la.

a) Determine como objetivo alcançar a paz interior. Nesse intuito, faça uma pausa e tire um tempinho para fazer o exercício a seguir. Sente-se confortavelmente e leia este exercício por completo. Agora, feche os olhos. Sinta bem a sua testa até ter a impressão de que ela esteja se dilatando. Se alguns pensamentos invadirem a sua mente de forma espontânea, não os afugente. Não lute contra eles. Simplesmente tome consciência da presença deles e volte a prestar atenção na sua sensação. Perceba que, ao se dilatar, sua testa se descontrai, o que lhe dá a impressão de formar "um todo" com o Universo. Quando essa parte do seu corpo estiver relaxada, continue o exercício, dilatando:

→ os olhos

→ as bochechas

→ o maxilar

→ o cérebro

→ os ombros

→ os braços

→ os pulmões

→ o coração

→ o fígado

→ a barriga

→ os rins

→ as nádegas

→ o órgão genital

→ as coxas

→ as pernas

→ os pés

Para terminar, sinta o seu corpo globalmente até ele se fundir com o Universo.

Agora, tome consciência do sentimento de paz interior que o está invadindo. É essa paz que você deve alcançar com relação ao acontecimento que o magoou. Para isso:

b) Identifique e aceite as emoções desagradáveis associadas às suas feridas

- ☐ dor
- ☐ raiva
- ☐ desespero
- ☐ tristeza
- ☐ impotência
- ☐ ódio
- ☐ medo
- ☐ dúvida
- ☐ rancor
- ☐ angústia
- ☐ outro

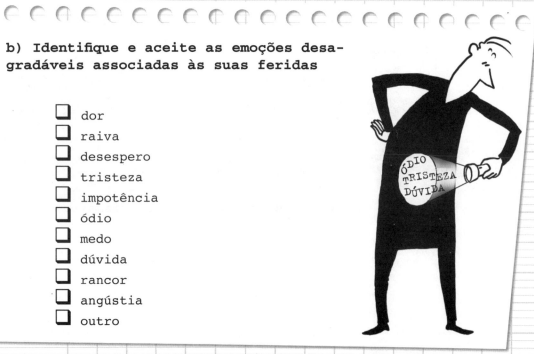

Diga, por exemplo:

→ Sim, estou sentindo raiva neste momento, e é normal
→ Sim, estou sentindo rancor, e é normal

➜ Sim, estou sentindo muito medo de ser humilhado e julgado, e é normal

➜ Sim, estou sentindo..., e é normal

Saiba que as suas zonas de fragilidade o fazem lembrar que você é um ser humano. Elas existem para aproximá-lo do divino dentro de você. Para encontrar a paz, é recomendável aceitá-las, sem se comprazer, nem se identificar com elas. São presentes que a vida coloca no seu caminho para incentivá-lo a se libertar de tudo o que é supérfluo e atingir o essencial, isto é, a paz e o amor que o habitam e constituem.

c) Faça agora o seguinte exercício de visualização:

Leia-o primeiro e depois feche os olhos. Sinta suas emoções dolorosas. Procure acolhê-las. Para isso, siga a direção da energia que elas carregam. Imagine a si mesmo deixando-se afundar na escuridão profunda do abismo das suas trevas interiores. Deixe-se descer cada vez mais nas profundezas. Preste atenção no que você for experimentando. Continue descendo até chegar ao fundo. Você não pode descer mais, então aceite o fato de estar no fundo e aceite também o seu estado interior, seja ele qual for.

> *"A escuridão dá origem ao seu próprio poder de cura."*
>
> Paul FERRINI

Sinta seus pés solidamente fincados na pedra que lhe serve de apoio. Não se preocupe, pois, agora, você está livre, ou seja, você tem a escolha de permanecer no fundo (vitimização, autocomiseração, busca de alguém para assumir a responsabilidade no seu lugar) ou pegar impulso para subir de volta à luz e reconquistar assim o poder sobre a sua vida.

Se você ainda não se sentir pronto para subir, não se julgue. Aceite seus medos e resistências e repita o exercício amanhã ou daqui a alguns dias. Você vai ver que sempre acabamos saindo da escuridão. É o princípio da impermanência praticado pelos budistas. Se você estiver pronto, suba e vá para a quinta etapa do processo de libertação das feridas do coração.

5ª etapa: retorno a si mesmo

Você reuniu todas as condições para cuidar da sua ferida agora. A quinta etapa é provavelmente a mais longa e difícil de atravessar, mas também a mais libertadora. Entregue-se de corpo e alma - você terá uma agradável surpresa com o resultado. Ela o transformará.

Veja a seguir duas formas de cuidar de si mesmo e aliviar o seu sofrimento.

1ª forma: faça uma preparação corporal intensa

Mergulhe plenamente no seu corpo para vencer, sem lutar contra a sua experiência e sua tendência a deprimir ou se deixar desmoronar sob o peso da impotência mesmo do desespero.

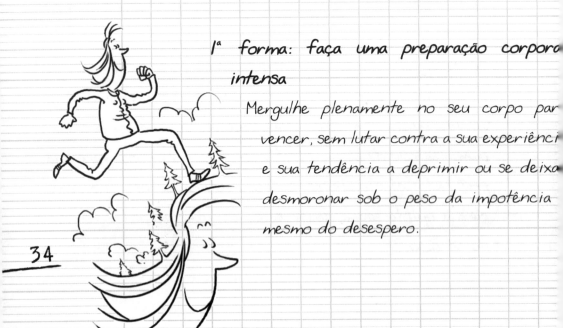

a) Pratique, todos os dias e com intensidade, um exercício físico que você escolher

b) Faça caminhadas na natureza cotidianamente

c) Estimule os seus sentidos:

   a. a audição: escute uma música bonita, os barulhos da natureza, as risadas das crianças

   b. o paladar: alimente-se de modo saudável

   c. o olfato: cerque-se de cheiros agradáveis

   d. o tato: peça para alguém lhe fazer massagem, carícias etc.

   e. a visão: busque a beleza sob todas as suas formas, pois ela é terapêutica

Saiba que a sua libertação interior se realizará de maneira muito mais rápida se você solicitar a participação ativa e cotidiana do seu corpo. Pule, dance, corra ou faça esporte, mas, acima de tudo, não fique sedentário fisicamente. **35**
Seja exigente consigo mesmo nesse âmbito e não se esqueça de que constância e perseverança são as suas maiores aliadas.

2ª forma: cuide da sua ferida

> *"Se você quiser se curar, lembre-se, deixe o sofrimento vir à tona. Reconheça a ferida. Esteja presente nela e deixe-a lhe dar uma lição."*
>
> Paul FERRINI

Não gaste mais energia pensando no seu aguilhão. Volte o seu olhar para dentro de si mesmo. Entre no seu sofrimento. Se você não fizer isso, você estará abandonando a si mesmo. Não espere que os outros tomem as rédeas para resolver o seu problema. É responsabilidade sua cuidar dele.

Para ajudar você nesse processo indispensável, lance mão dos seguintes meios:

a) Pegue o seu diário e dialogue por escrito com a sua ferida, sua emoção predominante e seu aguilhão. Faça-lhes perguntas. Escreva as respostas deles. Expresse suas dúvidas, medos e tudo o que passar espontaneamente pela sua cabeça, até você se sentir melhor. Acima de tudo, fale de você, e não do outro.

Dialogue com a ferida e a emoção:

....
....
....
....
....
....
....
....
....
....

Dialogue com o aguilhão:

....
....
....
....
....
....
....
....
....
....

b) Toda vez que o seu sofrimento o invadir, observe-se, ou seja, observe suas emoções, reações, palavras, defensivas... O que você constatou?

. . . .

. . . .

. . . .

. . . .

. . . .

c) Desabafe com uma pessoa de confiança.
Pode ser um amigo, um parente, ou melhor, um terapeuta.
Atenção! A pessoa deve ser capaz de ajudá-lo, e não afundá-lo ainda mais na vitimização.

Veja abaixo que características tal pessoa deve possuir imperativamente:

→ incentivá-lo a falar de você e da sua ferida, e não criticar o seu aguilhão

→ saber guardar segredo

→ não tomar nenhum partido: nem o seu, nem o da pessoa que o magoou

→ ter como objetivo escutá-lo e ajudá-lo, e não passar a mão na sua cabeça e ficar com pena do seu infortúnio

Agora, escolha o seu ajudante.

Se você não conhecer ninguém que atenda aos critérios enumerados, informe-se e entre em ação. Tome essa iniciativa agora mesmo. Nada de procrastinar. Acima de tudo, não vá para a próxima etapa sem ter encontrado um confidente.

Realizar a quinta etapa, que engloba uma preparação corporal e uma gestão emocional, demanda esforço. Antes de desenhar a si mesmo em cima do quinto degrau, espere ter integrado bem na sua vida as exigências do retorno a si mesmo. Está com vontade de ler o que vem a seguir e saber quais são as próximas etapas sem ter feito o trabalho das etapas anteriores? Lembre-se de que um saber não assimilado não lhe será nem um pouco útil para abrandar o seu sofrimento.

Está com vontade de desistir do processo?

Está achando tudo isso longo demais, complicado demais e exigente demais?

É normal. No entanto, não se esqueça de que, se resolver parar, é a si mesmo que você estará abandonando. Então, confie em si mesmo! Pode acreditar, se você continuar, sairá mais forte e tão mais orgulhoso de si mesmo! **Siga em frente no seu ritmo. Leve o tempo que lhe for necessário.** Lembre-se de que o alívio do seu sofrimento não depende de nenhuma magia, mas sim de fé, amor-próprio e perseverança.

6ª etapa: a responsabilidade

> "Entenda que, se você não tivesse criado a sua ferida, você não poderia descriá-la.
> Então, fique feliz que o seu sofrimento não seja culpa de outra pessoa.".
> Paul FERRINI

Na segunda etapa, você tomou consciência da sua irresponsabilidade e compreendeu que ela era normal. Agora, você deve ir mais longe e reconquistar o poder total sobre a sua vida

Esta etapa é fundamental para aliviar a sua ferida. Sem ela, será absolutamente impossível você seguir em frente. É imprescindível que você se responsabilize, se não quiser repetir eternamente, em todas as suas relações afetivas, seus comportamentos de vítima ou carrasco.

O que fazer então nesta etapa?

a) Admita que você é 100% responsável pela sua ferida e é a única pessoa no mundo que pode se encarregar de se libertar dos seus sofrimentos. Ninguém pode praticar uma atividade física, escolher um confidente e tomar distância no seu lugar. É claro que, no âmbito do sistema relacional e das defensivas que o formaram, ambos vocês, tanto o seu aguilhão quanto você, têm uma parte de responsabilidade. Porém, no âmbito da ferida em si e seu tratamento, é você que tem todos os poderes, inclusive um prejudicial: fazer os outros se lamentarem por você e buscar salvadores.

b) Decida tomar as rédeas da sua vida agora mesmo. Essa decisão obrigará você a agir de forma diferente do que de costume, pois, se você sempre agisse do mesmo jeito, sempre obteria os mesmos resultados.

Veja a seguir algumas maneiras de mudar seus comportamentos habituais.

1. **Liberte-se de todas as suas expectativas com relação ao seu aguilhão. Se você estiver esperando que ele reconheça os erros dele e peça desculpas, você não aliviará nada, pois continuará sendo uma vítima impotente, presa no orgulho do seu ego destruidor.**

2. **Liberte-se, através da aceitação, dos juízos de valor que você faz sobre ele e que lhe servem para se superiorizar e justificar sua vitimização:**

   → ele não tomou nenhuma iniciativa para melhorar a atitude pessoal dele

   → ele sempre teve um gênio ruim

   → ele não se dá bem nem com o pai dele

   → ele não sabe se comunicar

   → etc.

3. Quando pensamentos como estes ocuparem a sua mente, aceite-os e perceba que você é a pessoa que está sendo mais prejudicada por eles. Você quer mesmo continuar machucando a si mesmo? Se não quiser, para reconquistar o seu poder e a paz no coração, reoriente o foco para si mesmo e enxergue de forma bastante honesta a sua responsabilidade, sem ficar se culpando. Como você contribuiu para criar o problema com aquela pessoa? Será que você não a:

- ❏ provocou?
- ❏ enfrentou?
- ❏ humilhou?
- ❏ rejeitou?
- ❏ criticou?
- ❏ traiu?
- ❏ ignorou?
- ❏ ridicularizou?
- ❏ culpabilizou?
- ❏ abandonou?

Você lhe fez reprimendas, em vez de expressar clara e diretamente as suas necessidades?

❏ sim   ❏ não

Você reprimiu durante um tempo demasiado longo as suas necessidades e emoções, alimentando ressentimentos para evitar um conflito?

❏ sim   ❏ não

Você foi negligente com o tratamento das suas feridas? Em outras palavras, você concentrou a sua atenção nos defeitos e erros do seu aguilhão, em vez de cuidar da criança ferida dentro de você?

❏ sim   ❏ não

2 CAUSO MÁGOA → **1 ESTOU MAGOADO** → **3 MAGOO A MIM MESMO**

Saiba que, quando você fica magoado e abandona sua criança interior, você está magoando a si mesmo e, através das suas defensivas, magoando os outros. Cria-se então o ciclo infinito e sem saída do sofrimento relacional.

Você tem o poder de quebrar este ciclo e utilizar a sua ferida para caminhar em direção ao amor-próprio e amor pelos outros.

1 ESTOU MAGOADO   **2 CUIDO DA MINHA FERIDA**   **3 EU ME AMO E AMO OS OUTROS**

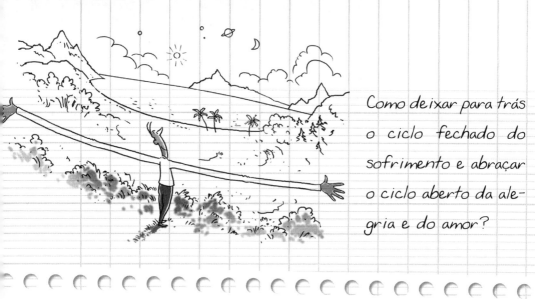

Como deixar para trás o ciclo fechado do sofrimento e abraçar o ciclo aberto da alegria e do amor?

1. Escolha um símbolo que represente as palavras ou atos que o magoaram durante o acontecimento em questão. Desenhe-o.

2. Imagine-se colocando este símbolo nas mãos do seu aguilhão e represente esta imagem interior com um outro desenho.

45

3. Dê ao seu aguilhão total liberdade para fazer o que ele quiser com o símbolo. Não o controle e não se meta mais nisso.

4. Entregue-se de corpo e alma em todas as etapas do processo apresentado neste caderno de exercícios.

Agora, se responder "sim" às perguntas a seguir, você estará pronto para se desenhar em cima do sexto degrau e passar para a sétima etapa. Senão, faça uma pausa e continue um pouco mais tarde. Esse processo não tem nada de competitivo. Ele tem como objetivo ajudá-lo a finalmente cuidar da sua criança interior ferida, que, há anos, só estava esperando que você a livrasse do sofrimento dela.

1. Você aceita o fato de que cabe a você a inteira responsabilidade de cuidar da sua ferida?

☐ sim   ☐ não

2. Você pediu ajuda a uma pessoa de confiança?

☐ sim   ☐ não

3. Você se libertou das suas expectativas com relação ao seu aguilhão?

☐ sim   ☐ não

4. Você parou definitivamente de criticá-lo?

☐ sim   ☐ não

5. Você lhe deu liberdade para cuidar, do jeito que ele quisesse, da própria ferida e da própria responsabilidade dele, sem controlá-lo?

☐ sim   ☐ não

Se você tiver reconhecido e aceitado a sua responsabilidade pela sua ferida, desenhe a si mesmo em cima do sexto degrau e siga em frente na sua caminhada.

7ª etapa: a solicitação dos recursos interiores

Dentre os seguintes recursos, marque, com sinceridade, os que você possui.

- ☐ capacidade de se questionar e repensar a sua visão das coisas
- ☐ faculdade de estar aberto a aprender com os seus erros
- ☐ discernimento
- ☐ intuição
- ☐ facilidade de reconhecer suas forças e talentos
- ☐ facilidade de reconhecer as forças e talentos dos outros
- ☐ abertura a mudanças e ao desconhecido
- ☐ aceitação de si mesmo do jeito que você é
- ☐ aceitação do que acontece com você
- ☐ vontade de cuidar de si mesmo
- ☐ confiança na sua capacidade de aprendizagem e evolução
- ☐ capacidade de se desapegar e confiar na energia divina
- ☐ força para enfrentar os obstáculos e os outros
- ☐ resiliência
- ☐ coragem para entrar em ação
- ☐ outro

Acima de tudo, não fique bitolado nos recursos que você não tem, mas concentre-se nos que você possui. Utilize-os agora para seguir em frente. Como auxílio, identifique as suas necessidades, inspirando-se no que vem a seguir.

Existem dois tipos de necessidade: as da personalidade e as do Ser.

A personalidade engloba as suas dimensões:

➔ corporal

➔ afetiva

➔ intelectual

O Ser corresponde à sua dimensão espiritual. Ele é o princípio vital que move você. Ele é o lugar, na sua alma, do amor sem limites, da alegria profunda e da paz.

As necessidades da personalidade

Identifique agora as necessidades da sua personalidade durante o acontecimento que o magoou:

→ na dimensão corporal

- [ ] ter uma alimentação saudável
- [ ] praticar exercício físico
- [ ] explorar seus sentidos
- [ ] respirar bem
- [ ] respeitar os limites do seu corpo
- [ ] descansar
- [ ] valorizar a beleza do seu corpo

→ na dimensão afetiva

- [ ] ser amado
- [ ] ser respeitado
- [ ] ter consideração
- [ ] ser compreendido
- [ ] ser ouvido
- [ ] ser aceito
- [ ] ter segurança
- [ ] ter orgulho de si mesmo

→ na dimensão intelectual

- [ ] estabelecer suas prioridades
- [ ] aprender através de leituras, palestras, cursos
- [ ] compreender racionalmente o que acontece dentro de você
- [ ] elaborar um plano de libertação
- [ ] estruturar o seu tempo, respeitando suas prioridades

As necessidades do seu Ser divino interior

O que você gostaria de alcançar neste momento para se sentir melhor interiormente, com relação ao que você está vivenciando?

- [ ] amar incondicionalmente?
- [ ] amar a si mesmo incondicionalmente?
- [ ] dar, sem esperar nada em troca?
- [ ] receber todos os presentes da vida?
- [ ] contemplar a beleza sob todas as suas formas?
- [ ] criar?
- [ ] ser totalmente responsável pela sua vida?
- [ ] viver o momento presente?
- [ ] enxergar o bom e o belo em você e ao seu redor?
- [ ] cultivar a gratidão?
- [ ] expressar reconhecimento?
- [ ] estar sereno?
- [ ] estar em paz?
- [ ] ser livre interiormente?
- [ ] estar em harmonia consigo mesmo?
- [ ] estar em harmonia com os outros?
- [ ] acreditar na Vida?
- [ ] aceitar "a realidade", sem se resignar?
- [ ] desapegar-se?

Identifique agora:

1. as duas maiores necessidades da sua personalidade, com relação ao seu aguilhão

....

....

....

....

2. as duas maiores necessidades do seu Ser divino

....

....

....

....

Faça uma lista do que você pretende fazer concretamente para satisfazer essas quatro necessidades.

....

....

....

....

Identifique os medos que impedem você de entrar em ação e satisfazer as suas necessidades: medo...

- ☐ do abandono
- ☐ da rejeição
- ☐ da exclusão
- ☐ de ser julgado
- ☐ do vazio afetivo
- ☐ da solidão
- ☐ de se expressar mal

☐ das suas reações
☐ da incompreensão
☐ da humilhação
☐ da culpabilização
☐ da dominação
☐ da traição
☐ de ser submisso
☐ de ser mal-interpretado
☐ de críticas
☐ de reprimendas
☐ outro

Desenhe uma balança que represente, de um lado, o peso dos seus medos e, de outro, o das suas necessidades.

NECESSIDADES   MEDOS

Qual lado da balança está mais pesado?

☐ o das suas necessidades   ☐ o dos seus medos

O que você sente com relação a este desenho?

....

....

....

....

....

....

Se seus medos forem mais pesados do que suas necessidades:

→ aceite-os

→ enxergue o poder que eles têm sobre você e a que ponto eles obstruem o caminho da sua libertação

→ solicite seus recursos e relembre as suas necessidades

→ desenhe a balança novamente, colocando o prato mais pesado no lado das suas necessidades

O que você sente diante deste último desenho?

. . . .

. . . .

. . . .

Se você tiver conseguido atravessar esta etapa, desenhe a si mesmo em cima do sétimo degrau da escada da libertação. Vamos passar agora para a última etapa: entrar em ação.

8ª etapa: a ação libertadora

Esta etapa lhe fornece meios para facilitar e tornar libertador o ato de entrar em ação. O importante é que você termine essa trajetória em paz, tendo crescido interiormente e estando orgulhoso de si mesmo.

1º meio: aja por amor-próprio

De que formas você cuidará de si mesmo?

- ☐ seja legal consigo mesmo
- ☐ aceite, sem se julgar, suas defensivas e emoções
- ☐ escolha ser feliz, em vez de ter razão, a cada instante
- ☐ retire a máscara do seu personagem de perfeição e virgem ofendida
- ☐ abra as portas ao seu verdadeiro Eu e ao seu coração definitivamente
- ☐ trate de satisfazer as suas necessidades
- ☐ acolha com ternura a criança ferida dentro de você, sem se lamentar por ela, nem ficar com peninha por causa das experiências passadas dela
- ☐ não se force, mas siga em frente no seu ritmo, assim como a tartaruga da fábula do La Fontaine, que, apesar da sua lerdeza, ganha a corrida contra a lebre
- ☐ nunca perca de vista o seu objetivo de paz interior
- ☐ persevere, persevere, persevere

Não se esqueça de que é no amor-próprio, amando a si mesmo do jeito que você é, que se encontra a chave para aliviar as feridas do seu coração.

1) Repita pelo menos uma vez por dia a seguinte afirmação: "Eu aceito e amo todas as partes de mim que causam e alimentam a minha ferida" (Ho'oponopono).

2) Feche os olhos. Restabeleça a calma interior e imagine-se pegando no colo a criança ferida dentro de você. Ela representa as suas feridas. Embale-a. Diga-lhe que você está ali junto com ela e nunca mais a abandonará.

3) Quando você estiver sofrendo, faça a si mesmo a seguinte pergunta: quais são as necessidades da minha personalidade e do meu Ser interior agora? Procure satisfazer essas necessidades.

2º meio: tenha uma prática espiritual cotidiana

A maioria das pessoas dedica tempo demais à personalidade e tempo de menos ao Ser delas. Entretanto, para estar em paz e abrandar os sofrimentos afetivos, você só tem a ganhar entrando em contato, cotidianamente, com a energia divina dentro de si. Para fazer isso escolha algumas das formas a seguir (marque as que você escolher):

- ☐ a oração
- ☐ a meditação
- ☐ as afirmações, isto é, as autossugestões
- ☐ a visualização
- ☐ a prática interiorizada de Qi Gong, Tai Chi Chuan ou Yoga
- ☐ o silêncio
- ☐ a contemplação da beleza da natureza, da arte e do homem
- ☐ a auto-observação do que acontece dentro de você
- ☐ a leitura de livros espirituais
- ☐ o desapego
- ☐ a consciência do momento presente
- ☐ outro

Que formas de prática espiritual você vai adotar para encontrar a paz?

. . . .

. . . .

. . . .

3º meio: cultive a gratidão

Quando é sentida, a gratidão é o único sentimento que nos conecta diretamente com o amor incondicional por nós mesmos, pelos outros e pela Vida. A boa notícia é que ela é mais fácil de cultivar do que uma flor. Basta praticá-la todos os dias para produzir o Amor puro e desinteressado, o Amor que acalma interiormente. Como?

1) Volte o seu olhar para o belo e o bom.

➔ Escreva todas as coisas belas e boas que existem na sua vida.

....

....

....

➔ Escreva todas as coisas belas e boas que estão ao seu redor neste momento.

....

....

....

➔ Escreva todas as coisas belas e boas que existem em você.

....

....

....

➔ Escreva todas as coisas belas e boas que existem no seu aguilhão, na situação que está deixando você preocupado.

....

....

....

2) Diga "Parabéns!" verbal e mentalmente:

➔ a si mesmo, por...

. . . .
. . . .
. . . .

➔ à pessoa que você mais ama no mundo, por...

. . . .
. . . .
. . . .

➔ ao seu aguilhão, por...

. . . .
. . . .
. . . .

3) Diga "Obrigado!" verbal e mentalmente todo dia:

➔ ao seu aguilhão, por...

. . . .
. . . .
. . . .

➜ à Vida, por...

. . . .

. . . .

. . . .

➜ aos seus pais, por...

. . . .

. . . .

. . . .

➜ à pessoa que você mais ama, por...

. . . .

. . . .

. . . .

> *"O que você der sempre lhe pertencerá, mas o que você guardar você perderá."*
>
> Poeta do século XII citado por Irmã Emmanuelle.

4º meio: reconcilie-se com o seu aguilhão

Às vezes, não é necessário abordar a pessoa que provocou as suas feridas, principalmente se ela não for importante para você. Nesse caso, o processo de responsabilização e acolhida da criança que o acontecimento em questão feriu dentro de você é suficiente para libertá-lo do sofrimento e ressentimento que ele lhe causou e abrir o seu coração para o amor novamente.

Em diversos outros casos, é essencial ter um encontro com o aguilhão. No entanto, para abordá-lo, você precisa ter certeza de que está pronto. Para saber, marque as frases que tenham a ver com você.

- ☐ se você quiser provar para ele que você tem razão e que ele está errado, você não está pronto
- ☐ se você achar que ele é responsável pelo seu sofrimento, você não está pronto
- ☐ se você estiver esperando que ele peça desculpas, você não está pronto
- ☐ se você se posicionar como alguém "superior" e achar que é mais evoluído do que ele nos âmbitos intelectual, psicológico e espiritual, você não está pronto
- ☐ se você não tiver perdoado suas próprias defensivas, você não está pronto
- ☐ se você estiver agindo pela opinião dos outros, você não está pronto
- ☐ se você estiver agindo somente para evitar um conflito, você não está pronto

Porém:

- ☐ se você estiver se sentindo em paz interiormente, você está pronto
- ☐ se você estiver agindo por amor-próprio e respeito por si mesmo, você está pronto
- ☐ se o seu coração estiver aberto ao amor pelos outros, você está pronto
- ☐ se você desejar expressar a sua dor, afeição e necessidades sem juízo de valor, reprimenda ou acusação, você está pronto
- ☐ se você assumir a sua responsabilidade, atribuindo ao aguilhão a parte de responsabilidade que cabe a ele, sem controlá-lo, você está pronto

É preciso saber que, quanto mais profunda for a ferida, mais a reconciliação com o seu aguilhão pode levar tempo - o tempo necessário para você se reconstruir. Além disso, também é preciso ter em mente que é bem provável que a sua relação com o causador da sua ferida não seja mais igual ao que era antes, principalmente se você tiver perdido confiança nele. Nesse caso, é importante proceder em função da "realidade" e é fundamental ser sincero e autêntico com ele todo dia, senão a relação estará fadada ao sofrimento e mesmo ao fracasso.

De qualquer forma, se você tiver se aprofundado em cada uma das etapas do processo para aliviar as feridas do coração, até esta etapa de entrada em ação, você certamente está se sentindo em paz, sereno e feliz. Isso prova o sucesso da caminhada que você acabou de concluir. Você pode desenhar a si mesmo com orgulho em cima do último degrau do seu percurso.

Porém, se você tiver o sentimento de que o processo sugerido neste caderno de exercícios não funcionou com você, veja a seguir possíveis razões disso:

- ☐ você não acredita que seja possível abrandar o sofrimento das feridas do coração
- ☐ você não confia em si mesmo
- ☐ você é impaciente e busca uma técnica que não exija de você esforço demais e que funcione como um remédio químico
- ☐ você efetuou o processo racionalmente, sem penetrar no coração e nas emoções
- ☐ você não esperou tempo suficiente para integrar uma ou outra etapa antes de começar a seguinte
- ☐ você faz um juízo de valor sobre esse processo de libertação, o que impede você de experimentá-lo profundamente
- ☐ você não satisfaz cotidianamente as necessidades da sua personalidade, nem do seu Ser
- ☐ você não se ama o bastante para dedicar tempo à sua criança interior ferida
- ☐ você não está pronto para investir em si mesmo dessa forma e neste momento da sua vida

Seja como for, aceite-se onde você está e como você está. Acima de tudo, não se esqueça de que são o esforço, a perseverança, a gratidão e o amor por si mesmo, pelos outros e pela Vida que abrandam as feridas do coração. Repita esse processo toda vez que você for magoado, no intuito de integrá-lo na sua vida. Ame a si mesmo. Quanto mais você amar suas forças, talentos, sentimentos agradáveis, sentimentos desagradáveis, necessidades, mecanismos de defesa e o seu Ser interior, mais fácil e natural será, para você, amar os outros e amar a Vida.

Coleção Praticando o Bem-estar
Selecione sua próxima leitura

- [ ] Caderno de exercícios para aprender a ser feliz
- [ ] Caderno de exercícios para saber desapegar-se
- [ ] Caderno de exercícios para aumentar a autoestima
- [ ] Caderno de exercícios para superar as crises
- [ ] Caderno de exercícios para descobrir os seus talentos ocultos
- [ ] Caderno de exercícios de meditação no cotidiano
- [ ] Caderno de exercícios para ficar zen em um mundo agitado
- [ ] Caderno de exercícios de inteligência emocional
- [ ] Caderno de exercícios para cuidar de si mesmo
- [ ] Caderno de exercícios para cultivar a alegria de viver no cotidiano
- [ ] Caderno de exercícios e dicas para fazer amigos e ampliar suas relações
- [ ] Caderno de exercícios para desacelerar quando tudo vai rápido demais
- [ ] Caderno de exercícios para aprender a amar-se, amar e - por que não? - ser amad(a)
- [ ] Caderno de exercícios para ousar realizar seus sonhos
- [ ] Caderno de exercícios para saber maravilhar-se
- [ ] Caderno de exercícios para ver tudo cor-de-rosa
- [ ] Caderno de exercícios para se afirmar e - enfim - ousar dizer não
- [ ] Caderno de exercícios para viver sua raiva de forma positiva
- [ ] Caderno de exercícios para se desvencilhar de tudo o que é inútil
- [ ] Caderno de exercícios de simplicidade feliz
- [ ] Caderno de exercícios para viver livre e parar de se culpar
- [ ] Caderno de exercícios dos fabulosos poderes da generosidade
- [ ] Caderno de exercícios para aceitar seu próprio corpo
- [ ] Caderno de exercícios de gratidão
- [ ] Caderno de exercícios para evoluir graças às pessoas difíceis
- [ ] Caderno de exercícios de atenção plena
- [ ] Caderno de exercícios para fazer casais felizes

- [ ] Caderno de exercícios para aliviar as feridas do coração
- [ ] Caderno de exercícios de comunicação não verbal
- [ ] Caderno de exercícios para se organizar melhor e viver sem estresse
- [ ] Caderno de exercícios de eficácia pessoal
- [ ] Caderno de exercícios para ousar mudar a sua vida
- [ ] Caderno de exercícios para praticar a lei da atração
- [ ] Caderno de exercícios para gestão de conflitos
- [ ] Caderno de exercícios do perdão segundo o Ho'oponopono
- [ ] Caderno de exercícios para atrair felicidade e sucesso
- [ ] Caderno de exercícios de Psicologia Positiva
- [ ] Caderno de exercícios de Comunicação Não Violenta
- [ ] Caderno de exercícios para se libertar de seus medos
- [ ] Caderno de exercícios de gentileza
- [ ] Caderno de exercícios de Comunicação Não Violenta com as crianças
- [ ] Caderno de exercícios de espiritualidade simples como uma xícara de chá
- [ ] Caderno de exercícios para praticar o Ho'oponopono
- [ ] Caderno de exercícios para convencer facilmente em qualquer situação
- [ ] Caderno de exercícios de arteterapia
- [ ] Caderno de exercícios para se libertar das relações tóxicas
- [ ] Caderno de exercícios para se proteger do Burnout graças à Comunicação Não Violenta
- [ ] Caderno de exercícios de escuta profunda de si
- [ ] Caderno de exercícios para desenvolver uma mentalidade de ganhador
- [ ] Caderno de exercícios para ser sexy, zen e feliz
- [ ] Caderno de exercícios para identificar as feridas do coração
- [ ] Caderno de exercícios de hipnose
- [ ] Caderno de exercícios para sair do jogo vítima, carrasco, salvador
- [ ] Caderno de exercícios para superar um fracasso